Frank Humphreys

**Einblicke in das Leben und die Lehre
Ramana Maharshis**

**aus dem Englischen übersetzt von**

**Gabriele Ebert**

FSC
www.fsc.org
MIX
Papier aus ver-
antwortungsvollen
Quellen
Paper from
responsible sources
FSC® C105338

Frank Humphreys:
Einblicke in das Leben und die Lehre Ramana Maharshis.
– 1. Auflage, 2018

Titel der Originalausgabe:
Glimpses of the Life and Teachings of Bhagavan Sri Ramana Maharshi as described by Frank H. Humphreys. – 4th
ed., Tiruvannamalai: Sri Ramanasramam, 1999

Herstellung und Verlag: BoD – Books on Demand, Norderstedt
ISBN: 978-3-7460-6059-0

Umschlaggestaltung: BoD
Fotos mit freundlicher Genehmigung des Sri Raman-
ashram
Printed in Germany

Ramana Maharshi

# INHALT

# VORWORT

Frank Humphreys gehört zur Geschichte Ramana Maharshis und andersherum, denn er war, so weit bekannt ist, der erste Westler, der den großen Weisen 1911 besuchte und davon sehr beeindruckend berichtete. Humphreys war damals 21 und Polizist in Vellore. Ramana war 39 und lebte seit 1899 in der Virupaksha-Höhle auf dem Berg Arunachala.

Humphreys Berichte über seine drei Besuche beim Maharshi, die er Felicia R. Scatcherd, der Herausgeberin der International Psychic Gazette in London, schickte, erschienen 1913 in drei Artikeln in dieser Zeitschrift, wobei Humphreys anonym blieb und nur „Frank" genannt wurde.[1] Diese Artikel sind die allerersten Berichte über Ramana Maharshi in England und Deutschland.

---

[1] Die Artikel fanden Eingang in die erste Ramana-Biografie „Self Realization" von Nahasimha Swami, die 1931 erschienen ist, und wurden später vom Ashram als eigenes Büchlein unter dem Titel „Glimpses of the Life and Teachings of Bhagavan Sri Ramana Maharshi" veröffentlicht.
1921 veröffentlichte der Verlag Magische Blätter in Leipzig die erste deutsche Übersetzung unter dem Titel „Meister in Indien" (Reprint 2015 im Kern-Verlag) und 1940 der Richard Hummel Verlag in Leipzig unter dem Titel „Die Weisheit des Maharshi".

Humphreys übrige Lebensgeschichte lag jedoch bis jetzt im Dunkeln. Arthur Osborne schrieb in seiner Ramana-Biografie: „Es ist wohl überflüssig zu erwähnen, dass der Polizeidienst für Humphreys nicht das Geeignete war. Sri Bhagavan riet ihm, seinen Posten zu behalten und gleichzeitig zu meditieren. Für einige Jahre folgte er diesem Rat, nahm dann aber seinen Abschied. Da er Katholik war und begriffen hatte, dass jede Form der Religion dasselbe anstrebt, fand er es überflüssig, die Religion zu wechseln. Er kehrte nach England zurück und trat in ein Kloster ein."[2] Hier verloren sich bislang seine Spuren.

2017 wurde dank der Recherchen von John Imes aus Mississippi Licht ins Dunkel gebracht. Auf der Grundlage seiner Nachforschungen schrieb die Dominikanerin Sister Kathleen die beiden Artikel: „Whatever Became of Frank H. Humphreys?", die in der Zeitschrift „The Maharshi" erschienen sind.[3] Imes war mit dem Dominikanerorden, dem sich Humphreys 1927 angeschlossen hatte, in Kontakt getreten. In dessen Archiv in Springs, Südafrika, befindet sich das einzige Exemplar der Autobiographie Humphreys mit dem Titel „A Trivial Tale" (Eine gewöhnliche Geschichte). 1960, als Humphreys, mit

---

[2] Osborne: Ramana Maharshi und der Weg der Selbsterkenntnis, S. 119
[3] Whatever Became of Frank H. Humphreys, zwei Artikel von Sister Kathleen in: The Maharshi, Jul/Aug 2017 und Sep/Oct 2017. Sie dienen als Quelle für Kapitel II.

Ordensnamen P. Nicholas, siebzig war, hatte ihn sein Superior gebeten, über sein Leben zu schreiben, was er eigentlich nicht wollte, aber aus Gehorsam tat. Seine Mitbrüder überarbeiteten und erweiterten seinen Bericht einige Jahre später und veröffentlichten ihn als ‚Not So Trivial a Tale‘ (Keine so alltägliche Geschichte).[4]

Humphreys Geschichte ist in der Tat keine alltägliche, denn sie führte ihn vom Advaita zum Christentum, wobei die Frage letztlich offen bleibt, wie die Begegnung mit dem Maharshi ihn beeinflusst hat und in wieweit er später Advaita (Vedanta) mit dem Christentum verbunden oder beides doch als Gegensätze gesehen hat. Sein Leben führte ihn durch viele Berufe und vor allem auffallend viele Krankheiten. Letztendlich aber führte sie ihn durch alle Höhen und Tiefen auf seinen persönlichen Lebensweg als christlicher Mönch im Dominikanerorden und gewiss ans Ziel.

Es ist eine spannende Geschichte, die nicht unerzählt bleiben sollte – sowohl im Kontext von Ramana Maharshi als auch als eine christliche Berufungsgeschichte. Deshalb habe ich mich für diese Kombination des Berichts über das Leben Humphreys mit

---

[4] Das Büchlein ‚Not So Trivial a Tale: A Memoir of Nicholas Francis Humphreys OP‘ wurde 1977 veröffentlicht, ist aber nirgendwo erhältlich. Darin wird seltsamerweise nur die Begegnung mit Narasimhayya und Ganapati Muni erwähnt, nicht aber die mit Sri Ramana.

seinen Aufzeichnungen über Ramana Maharshi, die eine Übersetzung des Büchleins „Glimpses of the Life and Teachings of Bhagavan Sri Ramana Maharshi" sind, entschieden. Vorangestellt wird eine kurze Biografie des Maharshi.

Gabriele Ebert

# I. KURZE SKIZZE DES LEBENS RAMANA MAHARSHIS

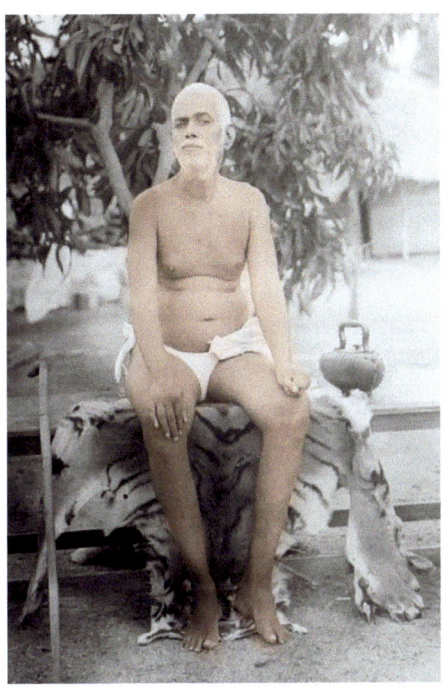

Ramana Maharshi (*Maharshi* bedeutet Großer Weiser), wurde am 30. Dezember 1879 in Tiruchuli, einem Dorf ca. 48 km südlich von Madurai (Tamil Nadu, Südindien) in einer Brahmanenfamilie geboren. Seine Jugend war durch keine Besonderheiten gekennzeichnet, außer dass er ungewöhnlich tief schlief. Ansonsten war er ein normaler Junge, der sich mehr für Sport und Spiel als für die Schule interessierte. Als er 12 Jahre alt war, starb sein Vater.

Mit 16 hatte er das berühmte Todeserlebnis, das ihn zur Selbstverwirklichung führte. Er beschreibt seine Erfahrung folgendermaßen: „Der materielle Körper stirbt, aber der ihn transzendierende Geist kann vom Tod nicht berührt werden. Deshalb bin ich unsterblicher Geist. [...] ‚Ich' war etwas Wirkliches, in dem Zustand das einzig Wirkliche überhaupt, und die gesamte bewusste Aktivität, die mit meinem Körper verbunden war, war jetzt hierauf konzentriert. Von diesem Zeitpunkt an hielt eine machtvolle Faszination meine gesamte Aufmerksamkeit am ‚Ich' oder meinem Selbst fest. Die Todesangst war ein für allemal verschwunden. Das Verschmolzensein im Selbst hat von diesem Moment an bis heute fortbestanden. Andere Gedanken mögen kommen und gehen wie die verschiedenen Noten bei einem Musiker, aber das ‚Ich' besteht fort wie die Grundnote, die alle anderen Noten begleitet und sich mit ihnen vermischt. Mochte der Körper mit Sprechen, Lesen oder etwas anderem beschäftigt sein, ich war immer auf das ‚Ich' konzentriert."[5]

Nach diesem Todeserlebnis verlor der junge Ramana alles Interesse an Sport und Spiel, an seinen Freunden, ja selbst am Essen. Das letzte Interesse an der Schule war auch noch verschwunden. Er saß oft zu-

---

[5] Ebert: Ramana Maharshi: Sein Leben, S. 20

hause und meditierte mit geschlossenen Augen, doch er sprach mit niemandem über sein Erlebnis. Seine Verwandten ärgerten sich über ihn, und als sein ältester Bruder meinte, einer, der sich so aufführe, habe kein Recht mehr auf die Annehmlichkeiten des häuslichen Lebens, traf der Schuss ins Schwarze. Ramana entschloss sich spontan, sein Zuhause zu verlassen und zum heiligen Berg Arunachala zu gehen. Ohne zuhause Bescheid zu sagen (er hinterließ nur eine kurze Notiz, dass er fortgegangen sei und sich niemand um ihn zu sorgen brauche), brach er zu der ersten und letzten Reise seines Lebens auf, die drei Tage dauern sollte.

Am 1. September 1896 erreichte er sein Ziel: Arunachala. Dort angekommen eilte er in den innersten Schrein des großen Arunachaleswara-Tempels in Tiruvannamalai und entledigte sich allem, was er noch besaß, auch seiner Brahmanenschnur. Er war so sehr in sein inneres Sein versunken (*samadhi*), dass er weder die Folge von Tag und Nacht noch Hunger und Durst spürte. Hätten nicht andere ihm zu essen gebracht, hätte er nicht überlebt.

Die ersten Wochen verbrachte er in der Tausendsäulenhalle des Tempels. Als er dort von Straßenjungen belästigt wurde, die mit Steinen und Scherben nach ihm warfen, suchte er im Patala Lingam (einem unterirdischen, fensterlosen Schrein unterhalb der Tausendsäulenhalle) Zuflucht. Der Schrein war völlig verwahrlost und wurde nie gereinigt. Es wimmelte dort nur so von Ungeziefer wie Asseln, Ameisen, Wespen und Moskitos. Doch der junge Swami saß bewegungslos mit gekreuzten Beinen im Yogasitz und spürte nichts von alledem. Als ein Besucher auf seinen Besorgnis erregenden körperlichen Zustand hinwies, brachte man ihn aus diesem Verließ und setzte ihn beim Subrahmanian-Schrein ab. Ramana wohnte danach in verschiedenen Bereichen des Tempels: im Tempelgarten, im Lagerraum der Tempelwagen und unter einem großen Illupai-Baum im äußeren Bereich des weitläufigen Tempelgeländes. Keiner wusste, woher er kam und wie er hieß. Man nannte ihn „Brahmana Swami" (der Swami vom Brahmanengeschlecht).

Bald stellten sich die ersten Verehrer ein, die sich sporadisch um Ramana kümmerten und ihn schließlich nach Gurumurtam (einem kleinen Schrein am Stadtrand) brachten, wo es stiller war und er ungestörter leben konnte. Als erster ständiger Begleiter gesellte sich schließlich Palaniswami zu ihm und kümmerte sich beständig um ihn. Später verbrachten die beiden ein halbes Jahr lang alleine und ungestört in einem angrenzenden Mangohain und lebten dort in zwei winzigen Unterständen. Palaniswami, der Zugang zur Bibliothek der Stadt hatte, brachte Bücher in tamilischer Sprache über Vedanta mit. Als Ramana sie las, wurde ihm spontan klar, dass seine eigene Erfahrung sich mit dem Inhalt dieser Bücher deckte. Auf diese Weise begann er, die reichhaltige Vedanta-Literatur kennenzulernen. Die Nachricht von Ramanas Aufenthalt war inzwischen bei seinen Verwandten angelangt. Es erfolgten mehrere Versuche, ihn wieder nach Hause zu holen, doch alle blieben vergeblich.

Bald darauf ließ sich Ramana in verschiedenen Höhlen auf dem Berg nieder. Von 1899-1916 bewohnte er die Virupaksha-Höhle, die etwa 100 Meter oberhalb des Arunachaleswara-Tempels am Südosthang liegt und im innersten Bereich die Überreste des Heiligen Virupakshadeva enthält (eines Heiligen aus dem 13. Jh.). Ramana lebte dort mit einigen Gefährten, die sich ihm inzwischen angeschlossen hatten, ein äußerst einfaches Leben in völliger Besitzlosigkeit. Manchmal war nicht genügend zum Essen da, doch er lehrte sie, mit allem zufrieden zu sein und um nichts zu bitten, und teilte stets alles mit allen. Einfaches Volk kam zu ihm und suchte seine Nähe und Führung. Kinder kamen aus eigenem Antrieb den Berg herauf. Auch Tiere fühlten sich von Ramana angezogen. Vögel und Streifenhörnchen bauten ihre Nester in seiner Nähe.

Unter den Besuchern waren zunehmend spirituell Suchende wie Gambiram Seshayya und Sivaprakasam Pillai, die ihm ihre Fragen stellten oder spirituelle Bücher brachten, aus denen sie einige Punkte erläutert haben wollten. Da Ramana immer noch schwieg, schrieb er die Antworten entweder mit Kreide auf Schiefertafeln oder auf kleine Zettel. 1900-1902 entstanden auf diese Weise zwei Sammlungen aus Fragen und Antworten, die später als die frühesten Werke Ramanas veröffentlicht wurden: Vichara Sangraham (Selbstergründung) und Nan Yar (Wer bin ich?). Vor allem Nan Yar enthält die volle Quintessenz dessen, was Ramana sein Leben lang lehrte und beschreibt den Weg der Selbstergründung, die Suche nach der Quelle des Ichs.

Am 18. November 1907 fand die schicksalhafte Begegnung Ganapati Munis mit Ramana statt. Ganapati Muni war ein in Indien bekannter Sanskritgelehrter und -dichter, der sich intensiven spirituellen Übungen (v. a. *Mantra-japa*) unterzog und einen eigenen Schülerkreis hatte. Mit seinen Übungen verfolgte er auch ein sozial-politisches Ziel, denn er träumte von einem erneuerten Indien. Als er an jenem Tag, von inneren Zweifeln über seine spirituelle Praxis geplagt, Ramana auf dem Berg aufsuchte, brach Ramana zum ersten Mal sein langjähriges Schweigen und lehrte mündlich: „Wenn man beobachtet, wo die Vorstellung des ‚Ichs' ihren Ursprung nimmt, wird der Geist von diesem Ursprung aufgesogen. Das ist *tapas* (spirituelle Übung). Wenn man ein *Mantra* wiederholt und seine Aufmerksamkeit auf den Ursprung lenkt, wo der Laut des *Mantra* erzeugt wird, wird der Geist von diesem Ursprung aufgesogen. Das ist *tapas*."[6]

Als Ganapati Muni die Antworten auf seine Fragen vernahm, erkannte er in Ramana seinen spirituellen

---

[6] dto., S. 76

Meister und machte ihn in Indien als „Bhagavan Sri Ramana Maharshi" (erhabener großer Seher Ramana) bekannt. Seitdem wird von „Ramana Maharshi" gesprochen.

Nach einiger Zeit begann Ramana wieder zu sprechen und regelmäßig zu essen. Er pflegte seinen Körper und verrichtete allerlei häusliche Arbeiten. Er schnitzte gerne Spazierstöcke sowie Löffel und Tassen, die er dann verschenkte. In der Folge entwickelte er viel Talent fürs Kochen, aber auch für die Planung der Gebäude, die später im Ramanashram entstanden. Er war äußerst reinlich, sparsam im Umgang mit allen Dingen und umsichtig in allem Tun. In dieser Zeit fanden auch die drei Besuche von Frank Humphreys statt.

1916 stieß seine Mutter Alagammal zu der kleinen Gemeinschaft. Sie hatte Angehörige verloren und wollte ihren Lebensabend bei ihrem mittleren Sohn verbringen. Die Virupaksha-Höhle war für die wachsende Gemeinschaft zu klein geworden. Deshalb errichtete ein Anhänger namens Kandaswami etwas weiter oben am Berg den nach ihm benannten Skandashram. Von 1916 bis 1922 wohnte die Gemeinschaft dort. Die Mutter begann, einen geregelten Haushalt zu führen und für die Gemeinschaft zu kochen. 1918 stieß auch Ramanas jüngerer Bruder Nagasundaram, der inzwischen Witwer geworden war, zu der Gemeinschaft und führte ein Leben als *sannyasin*. Man

17

nannte ihn fortan Chinnaswami (kleiner Swami), da er der Bruder des großen Swami war.

1922 wurde Alagammal ernsthaft krank. Ramana kümmerte sich um sie und verbrachte viele Stunden an ihrem Bett. Am 19. Mai, ihrem Sterbetag, saß er an ihrer Seite, legte seine rechte Hand auf ihre Brust (dem Ort des spirituellen Herzens) und seine linke auf ihre Stirn, bis sie ruhig wurde. Er ließ seine Hände in dieser Position liegen, bis sie gestorben war und auch noch einige Zeit danach. Dann war er sicher, dass sie die letzte Befreiung erlangt hatte. Alagammal wurde mit allen Ehren am Fuße des Berges begraben. Über ihrem Grab wurde ein einfacher Schrein errichtet. Fortan wurde dort regelmäßig die *puja* (Gottesdienst) gefeiert, und Ramana und seine Gefährten besuchten täglich den Schrein.

Im Dezember 1922 siedelten er und seine Gefährten endgültig zum Grab der Mutter um. Das war die Geburtsstunde des Ramanashram, der anfangs nur aus wenigen Hütten bestand und über die Jahre wuchs. 1929 übernahm Chinnaswami die Ashram-Verwaltung. 1928 wurde die berühmte Alte Halle fertiggestellt. Dort war Ramana Tag und Nacht anzutreffen. Der Besucherstrom nahm zu. Es hatte sich ein Schülerkreis gebildet, der aus Anhängern bestand, die ständig bei Ramana wohnten, und solchen, die regelmäßig zu Besuch kamen. Unterkünfte für die Besucher, Küche und Speisesaal, Büro, Buchladen und eine Apotheke, der Kuhstall und die Veda-Schule wurden gebaut. 1925 war neben dem Ashram die *Sadhu*-Kolonie Palakothu entstanden, in der Schüler des Maharshi wohnten, die sich ganz der Meditation widmeten. Für Familien entstand ein kleines Wohngebiet in der Nähe namens Ramana Nagar. Der Maharshi legte ein natürliches Talent für die Planung der Bauprojekte an den Tag. Die meisten Bauten entstanden nach seinen einfachen Plänen. Das größte Bauvorhaben, der Tempel der Mutter, der den einfachen Schrein über ihrem Grab ablöste, wurde allerdings von einem örtlichen Tempelbaumeister ausgeführt. Nach 10jähriger Arbeit wurde er 1949 zusammen mit der Neuen Halle fertiggestellt und eingeweiht.

In den früheren Jahren betätigte sich Ramana als umsichtiger Koch und führte die Küche. Später war das wegen des zunehmenden Besucherstroms und der zahlreichen Bauprojekte nicht mehr möglich. Besucher saßen meist in Stille bei ihm in der Alten Halle. Manche stellten ihre Fragen, und er beantwortete sie. Viele dieser Gespräche sind überliefert worden und geben ein reiches Zeugnis von den täglichen Ereignissen in der Halle. Ramana war auch ein hervorragender Geschichtenerzähler und bediente sich dazu gerne der Erzählungen aus dem *Periyapuranam* und anderer spiritueller Werke.

Ramana war stets für Menschen und Tiere zugänglich. Einladungen nahm er nie an, denn dann wäre er für die Besucher nicht mehr verfügbar gewesen. Der Stundenplan im Ashram unterlag zunehmend strenger

Regelungen. In späteren Jahren war er ständig von Menschen umlagert. Er musste so eingeschränkt wie ein Gefangener leben und konnte keinen Schritt mehr ohne Begleitung tun.

Zu Ramanas Verehren und Schülern zählten Menschen aus allen Ständen und von jeder Bildung. Unter ihnen war auch der bekannte Tamil-Poet Muruganar, der in einigen tausend Versen die Lehre Ramanas poetisch niederlegte. Kunju Swami, Echammal, Narasimha Swami, Yogi Ramiah, Munagala S. Venkataramiah, S.S. Cohen, Suri Nagamma, T.K. Sundaresa Iyer und Devaraja Mudaliar waren weitere Devotees, um nur einige Namen zu nennen. 1911 kam Frank Humphreys als erster westlicher Besucher zu ihm. Es folgten Paul Brunton (der durch sein Buch: ‚A Search in Secret India‘ den Maharshi im Westen bekannt machte), Major Chadwick und Arthur Osborne. Mercedes De Acosta, Somerset Maugham und Henri Le Saux besuchten ihn, und einmal hätte beinahe ein Treffen mit Mahatma Gandhi stattgefunden. Nicht erwähnt sind all die Vielen, die keinen bekannten Namen tragen.

Tiere fühlten sich in Ramanas Nähe besonders wohl. Er behandelte sie mit Verständnis und Respekt und sprach mit ihnen. Affen, Streifenhörnchen, Kühe, Spatzen, Hunde, sie alle kamen zu ihm. Es gibt unzählige Tiergeschichten. Das berühmteste Ashramtier war die Kuh Lakshmi. Auch ihr verhalf Ramana zur letzten Befreiung, wie er es bei seiner Mutter getan hatte. Lakshmis Grab findet sich neben anderen Tier-gräbern auf dem Ashramgelände.

Ramanas Gesundheit war nie besonders stabil. In späteren Jahren litt er zunehmend an Rheumatismus. 1949 wurde ein Krebsgeschwür an seinem linken Arm entdeckt. Es wurde viermal operiert. Über ein Jahr lang wurden alle möglichen Heilmethoden aus-probiert. Als ein Arzt Ramana vorschlug, den Arm zu amputieren, weigerte er sich mit den Worten: „Es gibt keinen Grund zur Beunruhigung. Der Körper selbst ist eine Krankheit. Lass ihn sein natürliches Ende nehmen." Der Besucherstrom nahm in dieser Zeit erhebliche Ausmaße an, doch Ramana bestand da-rauf, dass alle ihn sehen konnten, soweit das möglich war. Er blieb gelassen und war der ruhende Pol in all dem geschäftigen Treiben.

Am 14. April 1950 starb Ramana Maharshi ohne Todeskampf, mit einem gütigen Lächeln auf den Lippen und Tränen in den Augen, während Devotees das Akshara Mana Malai (Die Hochzeitsgirlande aus Buchstaben) sangen. In der Todesminute um 20:47 Uhr wurde von vielen Menschen ein meteorähnliches Gebilde am Horizont wahrgenommen, das langsam in Richtung Arunachala zog und hinter dem Gipfel des Berges verschwand. Am 16. April wurde Ramana feierlich bestattet.

Die Anhänger Ramanas reagierten zunächst scho-ckiert. Nach seinem Tod verließen die meisten den Ashram, der dadurch in finanzielle Nöte geriet und nahezu verwaiste und verkam. Allmählich erkannten seine Anhänger jedoch, dass der Meister nicht wirklich fortgegangen war, sondern in ihren Herzen weiterlebte. Es setzte eine große Rückkehrwelle ein. Heute ist Ramanashram ein international viel besuchtes spirituelles Zentrum.

Sri Ramanas Lehre ist von großer Schlichtheit. Zeitlebens hat er nur wenige Schriften selber verfasst und auch nur dann, wenn er dazu aufgefordert wurde. Neben den bereits erwähnten Sammlungen von Fragen und Antworten (Nan Yar und Vichara Sangraham) schrieb er 1914 vier seiner fünf berühmten Gedichte Arunachala zu Ehren. 1912-1929 waren Upadesa Undiyar (Die Quintessenz der spirituellen Unterweisung), Upadesa Manjari (Die spirituelle Unterweisung) und Ulladu Narpardu (Vierzig Verse) mit Ergänzungsversen entstanden. Ramana war im Laufe der Jahre durch den Umgang mit gebildeten Devotees vieles aus der Advaita-Literatur bekannt geworden. Teile daraus, die ihm besonders wichtig waren, übersetzte er in den 30er und 40er Jahren ins Tamil. So stellte er z. B. dreißig Verse aus der Bhagavad Gita zusammen, übersetzte Teile aus Shankaras Werken und aus den Agamas (heilige Hinduschriften), die allesamt in den ,Gesammelten Werken' enthalten sind. Des Weiteren dichtete er ,Fünf Verse für A-runachala' (Arunachala Pancharatna) in Sanskrit und übersetzte 1927 sein eigenes tamilisches Werk der ,Quintessenz der spirituellen Unterweisung' (Upadesa Undiyar) ins Sanskrit (Upadesa Saram), Malayalam und Telugu.

Sri Ramanas Lehre stellt nichts wesentlich Neues dar. Er lehrte vorwiegend *Atma Vichara* (Selbstergründung), wobei er auf die Bedürfnisse jedes einzelnen einging und auch alle anderen spirituellen Wege unterstützte. Allerdings war er der Auffassung, dass jeder spirituelle Pfad letztendlich in *Atma Vichara* münden würde und dass *Atma Vichara* der direkteste Weg von allen sei.

Ramanas Besonderheit war, dass er weniger durch Worte als vielmehr durch Schweigen lehrte. Der intensive Blick seiner Augen und die Ausstrahlung seiner ganzen Persönlichkeit waren so machtvoll, dass Menschen auf ihre ursprüngliche Bewusstseinsebene zurückgezogen wurden. Er sagte nie von sich selbst, er sei ein Guru. Dennoch erlebten und erleben seine Schüler ihn als *Sat-Guru,* als vollkommen erleuchteter Guru.

# II. FRANK HUMPHREYS – KEINE SO ALLTÄGLICHE GESCHICHTE

Frank Humphreys 1911

Francis Henry Humphreys wurde 1890 in London als Kind anglikanischer Eltern geboren. Sein Vater war Arzt. Seine Mutter war sehr am Okkulten interessiert und praktizierte Wahrsagerei, Tischrücken, Hellsehen und Spiritismus. Daher kam Franks Interesse am Okkulten in jungen Jahren, das auch bei seinen Begegnungen mit dem Maharshi eine Rolle spielte und von dem er sich dann völlig distanzierte.

Frank war sehr oft krank, verbrachte in seinem Leben insgesamt über sieben Jahre im Krankenhaus und musste sich 25 Mal operieren lassen. Bereits im Alter von acht hatte er eine Blutvergiftung und Diphterie. Als Kind war er ein Außenseiter, besaß aber eine ausgesprochene Sprachbegabung. Mit fünfzehn besuchte er das Kings College in London und wollte dem diplomatischen Korps als Übersetzer in China beitreten, aber dazu kam es nicht. Seine Mentoren rieten ihm, sich der indischen Polizei in der britischen Kolonie anzuschließen.

Frank kam in die Polizeiausbildung. In dieser Zeit hatte er zwei gebrochene Beine, zwei Operationen und war acht Monate lang krank. Deswegen bestand er das Polizeiexamen nur mit Mühe. Im Dezember 1910 reiste er nach Indien. Kaum angekommen musste er in Bombay mit Brustfellentzündung und Malaria ins Krankenhaus, woran er fast starb.

In Vellore nahm er bei S. Narasimhayya, der in seiner weiteren Geschichte eine bedeutende Rolle spielen sollte, Telugu-Unterricht. Narasimhayya war ein Schüler Ganapati Munis sowie ein Verehrer Sri Ramanas. Wie Frank schließlich zum Maharshi kam, berichtet Narasimhayya ausführlich in seinem Vorwort zu dessen Berichten der Begegnungen mit Ramana (s. III.1). Deshalb fehlt dieser Part an dieser Stelle.

Frank fand die Polizeiarbeit in Indien schwierig. Er sprach von Frustration, Langeweile, Überarbeitung, glühender Hitze, Malaria und von Fällen wie dem Diebstahl einer Ziege aus Hunger. In einem anderen Distrikt hatte er es in einer Woche mit neun Mördern, Tumulten und einer großen Bande zu tun. Nach zweieinhalb Jahren kehrte er nach England zurück und schied aus dem Polizeidienst aus.

Es folgte eine weitere Krankheit und eine zweijährige Liaison mit einer viel älteren Frau. 1916 nahm er Flugstunden und wurde ein Jahr später mit dem Royal Flying Corps nach Frankreich geschickt. Aber er vertrug die Flugzeugabgase nicht und bekam Bronchitis. Daraufhin wurde er zurück nach England beordert. Er arbeitete im Kriegsministerium, gab Unterricht im Schießen und Flugstunden. 1918 landete er nach einem Unfall mit einem Kampfflugzeug bei einer Übungsstunde mit einem Soldaten mit gebrochenen Gesichtsknochen für zehn Monate im Krankenhaus. In dieser Zeit fragte er Herr Bowhay, einen Theologen: „Was ist der Unterschied zwischen Vedanta und Christentum?" Herr Bowhay antwortete: „Vedanta behauptet, dass alles aus dir selbst kommt, das Christentum lehrt, dass alles von außen kommt." Wie Frank sagte, war diese Antwort für ihn eine Revolution und ausschlaggebend dafür, dass er sich erneut dem Christentum zuwandte.

Ein Mitpatient im Krankenhaus sprach mit ihm über den Anbau von Orangen in Südafrika. Nachdem Frank aus der Royal Air Force ausgeschieden war, reiste er im Juli 1919 mit dem Schiff nach Südafrika.

Er war inzwischen 29 Jahre alt. Dort baute er zusammen mit einer Familie eine Farm auf. Doch bald führte eine Dürre zum Verlust der Ernte. Daraufhin arbeitete er für eine kurze Zeit als Ladenbesitzer, kehrte aber schließlich nach England zurück. Er wollte sich mit dem Mädchen verloben, das er kennengelernt hatte, bevor er nach Südafrika gegangen war. Es kam zwar nicht zur Hochzeit, aber der Onkel des Mädchens, ein Jesuit, hatte einen starken Einfluss auf ihn. Als er eines der Bücher las, das er ihm empfohlen hatte, hatte er eine Offenbarung: „Durch die Gnade Gottes sah ich plötzlich die Kirche", schrieb er in seiner Autobiografie.

1920 führte ihn eine gefährliche Reise zurück nach Südafrika und fast an den Rand des Todes. Dort erhielt er von der Mutter seiner Verlobten ein Telegramm mit dem Angebot einer Stelle in Italien. Um sich darauf vorzubereiten, lebte er bei einer italienischen Familie, bei der er in den katholischen Glauben eingeführt wurde. Seine Verlobte und ihre Eltern kamen drei Wochen später zu seiner Taufe. Humphreys schrieb: „Ich erinnere mich gut daran, dass ich dachte: Endlich bin ich nach Hause gekommen."

Daraufhin erhielt Frank einen Job als Briefsortierer im Postamt, aber seine Heiratspläne wurden vom Vater seiner Braut vereitelt. Als er eine Woche, nachdem er im Postamt die Arbeit aufgenommen hatte, nach Hause kam, waren die Familie, seine Braut und alle anderen verschwunden.

Kurz darauf begann er die ‚Summa' des Dominikaners Thomas von Aquin zu lesen sowie die ‚Bekenntnisse' des Augustinus und das Leben des Ignatius von Loyola. Während er noch bei der Post arbeitete, widmete er sich dreißig Tage lang jeweils fünf Stunden den ignatianischen Exerzitien. Ein Priester sagte ihm, dass der Katholizismus im Wesen des menschlichen Herzens gegründet sei. Das war für Frank der ausschlaggebende Punkt. Er kommentierte: „Deshalb haben mich der Okkultismus und Vedanta in die Irre geführt."

Drei Monate lang arbeitete er im Postamt. Dann wollte er Lehrer werden und wurde in Natal, Südafrika, in der stattlichen Schule für die Bauernkinder angenommen. Ein Kollege schlug ihm vor, für das Priesteramt zu studieren, aber er war unschlüssig und innerlich zerrissen, denn er hoffte noch immer, wieder mit seiner geliebten Verlobten zusammenzukommen. Durch eisernen Fleiß vollendete er in neun Monaten das Studium von vier Jahren und erhielt ein vorübergehendes Lehrer-Diplom. Nach weiteren zwei Jahren erhielt er das volle Diplom.

Als er erfuhr, dass seine Verlobte bald heiraten sollte, sagte er zu einem befreundeten Priester, er sei nun frei und würde gern in den Jesuitenorden eintreten. Der Priester empfahl ihm die Dominikaner in der Nähe. Dort wurde er an den Provinzial in England,

Rev. Bede Jarret, weiterverwiesen. Rev. Jarret war ein bekannter und weiser Ordensmann. Er schrieb Frank und empfahl ihm, noch ein Jahr abzuwarten und Geld für sein Noviziat zu sparen. Frank trat in den dritten Orden der Dominikaner ein.

Inzwischen litt er an Tuberkulose und wurde von seinem Arzt in Natal zur Heliotherapie und einer weiteren Operation in die Schweiz geschickt. Dort diente er dem Arzt als Dolmetscher für Französisch, Deutsch und Englisch, unterrichtete die Söhne dreier amerikanischer Millionäre, besuchte täglich die Messe, ging in die Berge, fuhr Ski und unterrichtete eine russische Dame im katholischen Glauben. Fast hätte er eine Beziehung mit einem portugiesischen Mädchen begonnen, erinnerte sich aber daran, dass er sein Leben ja Gott versprochen hatte. Er entdeckte die Werke der Mystiker Johannes vom Kreuz und Theresa von Avila und berichtete: „Diese Bücher enthalten genau das, was ich brauchte, um den falschen Mystizismus, in dem ich aufgewachsen war, loszuwerden."

1925 wurde er aus dem schweizerischen Krankenhaus entlassen und beschloss, nach Rom zu reisen. In ihm nagte der Zweifel, ob seine Gesundheit es jemals zulassen würde, dem Dominikanerorden in England beizutreten. Nach einer Lungenentzündung konnte er im Mai der Feier der Heiligsprechung der Therese von Lisieux beiwohnen. Auf seiner Rückreise in die Schweiz erkrankte er an Typhus und begab sich in ein

Erholungsheim in Brighton, England. Dort ermöglichte es ihm seine Begabung für die Schreinerei, einen kleinen Betrieb aufzubauen, in dem er Regale für Broschüren herstellte. Er predigte für die Catholic Evidence Guild (einem Laienverband, der den katholischen Glauben verbreitete) auf der Straße. Dann machte er bei den Kartäusern (dem strengsten katholischen kontemplativen Orden) Exerzitien und bat, in dieses Kloster eintreten zu dürfen, doch das war nicht möglich, da er die Voraussetzung einer mindestens 10jährigen Mitgliedschaft in der katholischen Kirche nicht erfüllte. Ein Freund riet ihm, den Dominikaner Rev. Vincent McNabb aufzusuchen. Der sagte zu ihm: „Du wurdest [von den Dominikanern] nie abgewiesen, nicht wahr?" Da schöpfte Frank neue Hoffnung, traf sich erneut mit dem Provinzial Bede Jarrett und bat um die Aufnahme ins Noviziat in Woodchester. Mit 36 trat er dann am 2. Januar 1927, dem Geburtstag der Therese von Lisieux, ins Noviziat ein. Er schrieb: „Ich war endlich zuhause, und durch das Entgegenkommen des Ordens habe ich mich dort immer zuhause gefühlt." Er nahm den Ordensnamen Nicholas an.

Die Beschränkungen, die karge Kost und das Gemeinschaftsleben des Noviziatsjahres unter viel jüngeren Männern waren schwierig für ihn. Im Januar 1928 legte er in Hawksyard die ersten Gelübde ab. Für ihn war das wie „das Herauskommen aus einem langen, dunklen Tunnel ins Licht". Er beschäftigte sich mit Schreinerarbeiten und war sehr glücklich.

Doch da stellten sich Rückenprobleme ein, und die Tuberkulose kam wieder, was sein formelles Theologie- und Philosophiestudium für das Priesteramt beendete. Fortan wurde er privat unterrichtet. In Hawksyard erfuhr er sehr deutlich die Gegenwart Gottes und berichtete, dass er möglicherweise mystische Gnaden erhalten habe. 1931 empfing er in Woodchester die Ewige Profess, in der das Gehorsamsgelübde und damit implizit auch die Gelübde von Armut und Keuschheit bis zum Lebensende abgelegt werden. Er war jetzt 40 Jahre alt. Im Oktober kehrte er nach Kapstadt zurück und wurde 1942 zum Priester geweiht. Den Rest seines Lebens verbrachte er in Südafrika.

Die folgenden Jahre als Dominikanerpater waren voller Aktivitäten, unterbrochen von weiteren Krankheiten, Unfällen und Operationen. Er schreinerte, studierte, unterrichtete im Glauben, war in der Gemeindearbeit aktiv, gab Exerzitien und war Pfarrer einer abgelegenen Gemeinde mit einer kleinen Schule von 100 afrikanischen Kindern und zwei Schwestern als Lehrerinnen. Er unterrichtete in der Schule und brachte die Gemeindearbeit voran. Eine Schwester schrieb, dass er sehr gütig und großzügig sei und ein begeisterter, hart arbeitender Priester, dankbar für die kleinste Freundlichkeit und sehr demütig. Jeder respektierte und liebte ihn. Er half und ermutigte jeden. Oft sagte er: „Heirate deine Umstände. Mache das Beste daraus, wo immer du auch bist und was immer du tust." Er betonte auch, man solle nicht nur Gottes

Willen annehmen, sondern Gott mit Freude geben, was er von einem verlangt. Er half den Notleidenden, war freundlich zu den Kranken und besuchte die Armen. In seiner Freizeit schrieb er Zeitungsartikel und lernte Zulu und andere Sprachen.

Ein Freund berichtete, dass P. Nicholas sagte: „Ich sehe in jedem Mann Christus und in jeder Frau Maria." Er lebte für Jesus, sprach mit Jesus, und seine Liebe galt Gott und seinem Nachbarn. Er führte Filme vor und brachte den Jungen Tischlern bei. Einer seiner dominikanischen Brüder schrieb: „Nick konnte eine nie endende Quelle der Freude sein mit seiner unerschöpflichen Energie und seinen ‚Apparaten'. […] Ich beobachtete, wie er gleichzeitig den Filmprojektor bediente, die Zuhörerschaft betreute, das Eintrittsgeld einsammelte und sein Brevier betete." „Er war eine interessante Mischung aus Stille und Antrieb. Er sprach langsam und nachdenklich, war aber ständig in irgendeiner verhaltenen Eile. Seine Arbeit musste erledigt werden. […] Er war wortwörtlich mit zu viel Energie geladen. […] Ich fragte mich, ob ein Teil seiner Energie vom Yoga kam, von dem er mit mehr Toleranz sprach als von der Theosophie."

1948 verließ P. Nicholas diese Missionsstation. Er hatte sie auf 19 Außenstellen und 11 Schulen erweitert. Die Grundschule war von 100 auf 1200 Kinder angewachsen. Er nahm eine halbjährige Auszeit, während der er Schwestern Exerzitien gab. Sie berichteten, dass es seltsame Exerzitien gewesen seien, denn P. Nicholas habe nie von der Hölle oder der Todsünde gesprochen. Er selbst erklärte: „Ich habe versucht, das christliche Leben, wie es von unserem Herrn gelebt wurde, deutlich zu machen. Das ist eine stillere Methode als Predigten über Hölle und Todsünde."

1950 arbeitete er zwei Monate in der Gemeinde, wurde dann erneut krank und musste sich operieren lassen. Danach wurde er der Hausgeistliche der dominikanischen Konventsschule für wohlhabende Kinder, was etwas ganz anderes war, als seine bisherige Missionsarbeit. Er blieb dort sieben Jahre lang. Als Alleskönner reparierte er 110 Fenster, baute Zellen, brachte Geländer an und machte das Gebäude einbruchssicher. Auf Bitte seines Superiors schrieb er in nur acht Tagen ein Buch für junge Priester über das Missionsleben.[7]

Ab 1954 war er dafür verantwortlich, den Heiligsprechungsprozess des Seligen Martin de Porres, einem Peruaner und demütigen Dominikanerbruder aus dem 17. Jh., voranzutreiben. In Stellenbosch errichtete er ein Martin de Porres-Zentrum, ein Apostolat, das sich dem Gebet, der Beratung und materieller Hilfe verschrieb, das sehr erfolgreich arbeitete und über P. Nicholas Tod hinaus bestehen blieb. 1962 durfte er in Rom die Heiligsprechung des Heiligen Martin erleben.

---

[7] Humphreys, Nicholas: Missionary in South Africa. – London: Blackfriars Publ., 1953

1958 wurde er im St. Peters Seminar in Natal spirituteller Berater und Lehrer für afrikanische Studenten, die sich auf das Priesteramt in der Diözese vorbereiteten. Dazu schrieb er: „Ich bin sehr dankbar, für das, was ich in den letzten 25 Jahre gelebt und gelehrt habe, eine Bestätigung zu finden und es auszufüllen. Selbst Vedanta hat mich darauf vorbereitet, wenn auch das letztliche Ziel von Vedanta etwas völlig anderes ist. Es hat mich gelehrt, dass der Mensch seine Freiheit nutzen muss, sich einem höchsten Gesetz zu unterwerfen. Mag sein, dass mein Aufwachsen in einer christlichen Familie, das Leben in Frankreich bei der lombardischen Familie und meine Reise nach Lourdes eine bestimmte christliche Geistesprägung bewirkt haben – wie schwach und verwirrend sie auch gewesen sein mag – die mich davor bewahrt hat, mich völlig ins Vedanta zu vertiefen, worin sich ein Mensch einem Gesetz unterwirft, das völlig subjektiv und nicht objektiv wie im Christentum ist. Ich weiß es nicht. Es genügt zu sagen, dass der allmächtige Gott gut ist und jede Anstrengung, die ich für ihn unternommen habe, fruchtbar war. […] Er hat mich wirklich beständig beschützt."

1972 wurde er von einem Auto erfasst und brach sich beide Hüften. Später stürzte er und brach sich erneut eine Hüfte. Als er nach Stellenbosch zurückkehrte, war er auf sein Zimmer beschränkt, leitete aber wie üblich die Arbeiten an.

Frank Humphreys als Pater Nicholas O.P.

Die letzten beiden Jahre verbrachte er in Kapstadt. Er
erkrankte an Demenz und erkannte oft die Besucher
nicht mehr. Seine Autobiografie hatte er in den späten
50ern mit den Worten beendet: „Dieser lange Kampf
von einem unzureichenden Christentum [...] durch
die Zeit, in der ich ein Quasi-Prophet des Nicht-
Christentums war, bis zur Heimat, die der Orden mir
gegeben hat, hat mich zu dem Punkt geführt, an dem
ich gebeten wurde, den persönlichen Umgang mit der
Seele des Einen zu lehren und zu erklären, dessen

Wege ich beobachtet habe und mein ganzes Leben lang bemüht war, zu erkennen."

Pater Nicholas starb am 20. September 1975 in Cape Town und wurde in Stellenbosch beerdigt.

Frank Humphreys hat den Weg des Vedanta, der ihm bei seinen Besuchen bei Ramana Maharshi begegnete, nicht weiterverfolgt, sondern hat sich nach langem Hin und Her als Dominikanermönch für einen christlichen Weg entschieden und sich dort sehr beheimatet und erfüllt gefühlt. Seinen Bemerkungen nach hat er später in seinem christlichen Kontext seine Vedanta-Erfahrung sowohl positiv (als eine Art Vorbereitung) als auch negativ aufgefasst, wenn er sagt, er sei davor bewahrt worden, Vedanta zu vertiefen. Vielleicht, das mag dahingestellt sein, hat er sie auch im Nachhinein in einem anderen Licht gesehen als zu der Zeit, als er seine Erfahrung mit Ramana machte. Dies muss offen stehenbleiben, tut aber der Bedeutung seiner Berichte über die Begegnungen mit dem Maharshi keinen Abbruch.

# III. EINBLICKE IN DAS LEBEN UND DIE LEHRE RAMANA MAHARSHIS

## III.1 EINLEITUNG VON NARASIMHAYYA

Ich will nicht zwischen dem ersthaften Leser und diesem interessanten Werk religiöser Literatur stehen. Schwach, wie ich bin, werde ich das Wenige tun, das mir möglich ist und worum ich gebeten wurde.

Dies ist die beeindruckende und lehrreiche Beschreibung eines jungen Mannes, der voller Ungeduld auf der Suche nach Mahatmas (Großen Seelen) war, um von ihnen unterwiesen zu werden. Er hat von seinem Besuch und seiner Erfahrung mit Mahatma Sri Ramana Maharshi erzählt, einem lebenden Weisen Südindiens, der dafür bekannt ist und verehrt wird, das Ziel der vedischen Religion erlangt zu haben, und der der Menschheit dieser Tage des ungezügelten Materialismus als Quelle der Seelenkraft dient. Seine Beschreibung ist knapp und lebhaft und braucht meiner Meinung nach kein Vorwort.

Ein Mensch kann in der Gegenwart eines Meisters nur fühlen, aber nicht ausdrücken, welche große Schwingung sie in seinem Körper auslöst und wie sie seinen Geist erhebt und seine Seele belebt. Die Lehre des Meisters ist genau das, was in dieser schnelllebigen Zeit vonnöten ist, in der die Menschen körperlich schwach und geistig kraftlos sind. Ihre ganze Aufmerksamkeit wird auf materielle Dinge gelenkt, auf

Äußerliches und Weltliches, anstatt auf das Spirituelle, das Wirkliche und Ewige.

Die ganze Lehre des Mahatma Sri Ramana Maharshi hat ihren Dreh- und Angelpunkt in: „Erkenne dich selbst, dann wirst du alles erkennen, und es bleibt nichts mehr zu erkennen übrig." Er empfiehlt einen sehr einfachen Vorgang der Ergründung, nämlich „Wer bin ich?" Das ist der reine und dauerhafte Gedanke an das Selbst (*atman*), ohne Gestalt, Name und Eigenschaften, der den Denker zur Quelle aller Gedanken führt, nämlich zum Herzen, wo der Frager und das Ergründete miteinander verschmelzen, oder auf einen Weg, der sich in der Ergründung verliert, in der Befreiung (*mukti*) oder Selbstverwirklichung. Diese Verwirklichung ist die wahre Verehrung von *atman* – Gott innen und außen.

Der Verfasser dieses attraktiven Büchleins hat Informationen über Sri Ramana Maharshi aus verschiedenen Quellen und zu verschiedenen Zeiten gesammelt. Ein Wort oder zwei, wie es kam, dass Frank H. Humphreys von unserem Maharshi hörte, ihn besuchte und zu seinem Verehrer wurde, mag den Leser interessieren.

F.H. Humphreys kam als Hilfs-Superintendent der Polizei im Januar 1911 nach Indien. Als er Bombay erreichte, war seine Gesundheit so schlecht, dass er ins dortige Krankenhaus eingeliefert werden musste, wo er bis Mitte März blieb. Am 18. März kam er in Vellore an. Ich ging an diesem Tag zu ihm, um ihm das telugische Alphabet beizubringen. Die erste Frage, die er mir stellte, war: „Munshi [Munshi bezeichnet einen einheimischen Sprachlehrer], kennst du dich in Astrologie aus?" Ich verneinte. Seine nächste Frage lautete: „Kannst du mir die englische Übersetzung einiger Bücher über Astrologie besorgen?" Ich erfüllte ihm seinen Wunsch und brachte ihm ein Buch vom George Union Club in Vellore mit.

Am Morgen des nächsten Tags gab er mir das Buch zurück und fragte: „Kennst du hier in der Gegend irgendwelche Mahatmas?" Ich gab vor, keinen Weisen zu kennen, und verneinte.

Am Morgen des dritten Tages fragte er mich eindringlich: "Munshi, du hast gestern behauptet, du würdest keinen Mahatma kennen. Aber ich habe deinen Guru heute Morgen im Schlaf gesehen. Er saß neben mir. Er sagte etwas zu mir, das ich nicht verstanden habe, noch hat er verstanden, was ich zu ihm sagte. Der erste Mensch aus Vellore, dem ich in Bombay begegnet bin, warst du."

Als ich ihn fragte, wie er mich in Bombay gesehen haben konnte, obwohl ich nie über Guntakal hinausgekommen bin, antwortete er, dass er, als er mit hohem Fieber im Krankenhaus in Bombay gelegen sei, seine Aufmerksamkeit auf Vellore gerichtet habe und in seinem Astralkörper dorthin gereist sei, um eine Weile von seinen Schmerzen frei zu sein. Der erste Mensch, den er dort getroffen habe, sei ich gewesen. Ich verließ ihn mit der Bemerkung, dass ich nichts über Astralkörper oder andere Körper wisse und nur den physischen Körper kenne.

Doch ich war neugierig geworden und wollte ihn prüfen. Am Nachmittag brachte ich ihm ein Bündel Fotos von großen Männern mit, worin auch jeweils ein Foto von unserem Maharshi und Ganapati Muni enthalten war. Ich legte das Bündel schweigend vor ihm auf den Tisch und ging dann zu Herrn L. Clift, einem anderen Polizisten, den ich unterrichtete.

Als ich eine Stunde später zu ihm zurückkam, lud er mich mit folgenden Worten ein: „Dieses Bild sieht deinem Guru ähnlich. Ist er nicht dein Lehrer? Erzähl!" Damit deutete er auf ein Foto von unserem Ganapati Sastriar [Ganapati Muni], das er aus den anderen Fotos herausgezogen hatte. Das überraschte mich. Er hatte mich ertappt, und ich konnte mich und meinen Meister nicht länger verleugnen. Ich hielt und halte Ganapati Sastriar für meinen Guru. 1906 hatte er mich gelehrt, wie ich mich konzentrieren und meine Aufmerksamkeit auf den *Paramatma* (das höchste Selbst), der als Sri Ramana bekannt ist, richten kann, ein Name, der meinem Herzen teuer ist. Sastriars Lehre unterscheidet sich nicht von der unseres Maharshi.

Herr Humphreys wurde erneut krank, und ein Arzt riet ihm, nach Ootacamund [Kurort in den Nilgiri-Bergen] zu gehen. Am 1. April 1911 kam er dort an. Er schrieb mir, dass er eine seltsame Person getroffen habe, schlecht gekleidet, aber gut gebaut, mit leuchtenden Augen, mattem Haar und einem langen Bart. Der Herr, mit dem Herr Humphreys in den Bergen war, sagte zu ihm, dass er diesen seltsamen Mann nie gesehen habe, obwohl er schon mehrere Jahre lang hier lebe. Herr Humphreys fragte mich, wer das sein könne. Ich antwortete, dass es sich nach seiner Beschreibung um einen *siddha* (einen vollendeten Meister mit übernatürlichen Fähigkeiten) handeln müsse.

Im zweiten Brief von der Bergstation bat er mich, ihn in der Atemübung des Hatha-Yoga zu unterrichten. Aufgrund seines schwachen Gesundheitszustands schien es mir nicht ratsam zu sein, mit ihm über die willentliche und gewaltsame Zurückhaltung des Atems zu sprechen, und schrieb, dass das beständige und reine Denken an den *Paramatma* (das höchste Selbst) in unserem Herzen das natürliche Zurückhalten des Atems (*kumbhaka*) bewirken würde, das Untergehen des Geistes im Herzen, den ultimativen Zustand, nach dem die Weisen sich sehnen.

Seine dritte Frage von den Nilgiri-Bergen lautete: „Ist es ein Hindernis oder ein Fortschritt für die Meditation, wenn man Fleisch isst?" Ich schrieb ihm fünf oder sechs Seiten über *Ahimsa paramo dharma* und erklärte ihm, dass Nichtverletzen und Nichttöten die größte Tugend sei. Ich schloss mit dem Satz: „Fleisch zu essen hilft dem Meditierenden nicht bei seiner Meditation." Er antwortete, dass er diesen Morgen einen Traum gehabt habe, der das bestätige. Es sei für ihn hart, sofort die Gewohnheit des Fleischessens aufzugeben, und er wolle es langsam angehen. In einem seiner Briefe aus England in späteren Jahren schrieb er mir, dass er Vegetarier geworden sei.

In seinem vierten Brief von diesem kühlen und zuträglichen Luftkurort erbat er meinen Rat, ob er einer mystischen Gesellschaft beitreten könne, da er das 21. Lebensjahr bald vollendet habe. Er fügte hinzu, dass die Mitglieder dieser Gesellschaft den Vorzug hätten, mit den Mahatmas direkt sprechen zu können, und dass er in einer seiner früheren Geburten mit dieser Gesellschaft verbunden gewesen sei. Da ich weder an Mystizismus glaube noch nicht daran glaube und einfach nur einen friedvollen Geist (*shanti*) und die Einheit mit dem *atman* im Innern will, und da es meine Überzeugung ist, dass man mit dem reinen, einfachen und ununterbrochenen Denken an *Brahman*, ohne Gestalt, Name und Eigenschaft, diesen sublimen, segensvollen Zustand erreichen kann, schrieb ich ihm nur, dass die Dinge seinem *prarabdha* (jetzigen Karma) entsprechend geschehen würden, und wenn es sein Karma sei, erneut Mitglied dieser mystischen Gesellschaft zu werden, ihn nichts davon abhalten würde und ich ihm deshalb nichts raten könne.

Ende 1911 kehrte er von den Bergen zurück. Als ich ihm eines Tages Telugu-Unterricht in Vellore gab, bat er mich um Papier und Stift und zeichnete das Bild einer Berghöhle mit einem Weisen, der am Eingang stand, und eines Stroms, der sanft vor der Höhle

43

den Berg hinunterfloss. Er sagte, er habe das im Schlaf gesehen, und fragte mich, um wen es sich handeln könne.

Ich dachte sofort an unseren Maharshi, der damals in der Virupaksha-Höhle lebte, und erzählte ihm von Sri Ramana *Paramatma*. Seit dem Tag, als er Ganapati Sastriar in seinem Traum gesehen hatte, hat er mich eindringlich darum gebeten, ihn zu ihm mitzunehmen. Wie er Ganapati Sastriar traf und zum Maharshi kam, hat er selbst in seinem Buch beschrieben. Er stattete unserem Meister mehrere Besuche ab, wenn immer er einen Zweifel oder eine Frage hatte.

Jetzt sollte ich mich darauf beziehen, was in der Gegenwart des Maharshi während seines ersten Besuchs geschah. Er grüßte den Mahatma und verbrachte einige Minuten lang in stillem Gebet und Meditation. Als ihm erlaubt wurde zu sprechen, fragte er zuerst: „Meister, werde ich der Welt helfen können?" Der Mahatma antwortete: „Hilf dir selbst, dann hilfst du der Welt." Als er die Frage wiederholte, erhielt er dieselbe Antwort, nämlich dass er in der Welt sei, von der er sich nicht unterscheide noch sie sich von ihm. Wenn er sich deshalb selbst helfen würde, so würde er auch der Welt helfen. (Damit meinte er die Einheit der Seele (*jiva*) mit dem *atman*.)

Seine nächste und letzte Frage lautete: „Meister, kann ich wie Sri Krishna und Jesus Wunder bewirken?" Darauf antwortete Sri Ramana mit der Gegenfrage: „Waren sie sich dessen bewusst, als sie Wunder wirkten?" Herr Humphreys erwiderte nach einer Minute des Schweigens: „Nein, Meister. Sie waren nur die Medien, durch die Gottes Kraft sein Werk tat."

Wie viel Bedeutung man mystischen Dingen zuschreiben kann, wird lebhaft in diesem Buch erklärt.

Liebe Brüder, wenn ein Mensch in Gott verloren ist, wird er zu einem reinen Werkzeug in der Hand Gottes und ist eins mit Gott, da er ein fester Bestandteil von Gott geworden ist. Er erlangt diesen Frieden und dieses Glück, das von Freuden und Sorgen unberührt bleibt und das man nur genießen, aber nie beschreiben kann. Mögen wir diesen Zustand der Stille des Geistes und des Friedens des Herzens erstreben, den die Heiligen immer verfolgen.

Madanapalle, 2.3.1925, S. Narasimhayya

## III.2 FRANK HUMPHREYS AUFZEICH-NUNGEN ÜBER RAMANA MAHARSHI

**Felicia R. Scatcherds Vorwort[8]**

Ein Freund schrieb in Bezug auf die International Psychic Gazette: „Über Herrn Thurstans Artikel wird viel gesprochen. Wir könnten aber mehr von Indien und den Besuchen bei den Meistern berichten."

Am selben Tag erhielt ich ein Päckchen Briefe von einem jungen Freund aus Indien. Ich habe ihn seit seiner Jugendzeit nicht mehr gesehen. Ich werde ihn bei seinem Vornamen „Frank" nennen. Er passt gut zu ihm, deshalb will ich ihn nicht ändern. Seine Erfahrungen werde ich in seinen eigenen Worten wiedergeben.

**Frank trifft seinen ersten Meister [Ganapati Muni]**

Etwa vor drei Monaten begegnete ich in meinem Schlaf einem großen Mann. Ich sprach mit meinem

---

[8] Felicia Scatcherd veröffentlichte 1913 Humphreys Berichte in der International Psychic Gazette und schrieb dazu dieses Vorwort. Mit dem erwähnten Thurstan ist vermutlich der Okkultist Frederic Thurston gemeint, der Beiträge für diese Zeitschrift schrieb. Die International Psychic Gazette, die 1912-1935 monatlich in London erschien, widmete sich v.a. Themen zu Okkultismus, Spiritismus und Theosophie, die zu jener Zeit stark verbreitet waren.

Munshi (Telugu-Lehrer) über ihn. Der Munshi brachte mir einige Bilder. Ich wählte sofort das Foto dieses Mannes aus den anderen aus [gemeint ist das von Ganapati Muni].

Ganapati Muni

Vergangenen Freitag kam dieser Mann nach Vellore, um an einer theosophischen Konferenz in Tiruvannamalai teilzunehmen. Er gehört aber nicht der Theosophischen Gesellschaft an. Alle Meister arbeiten für das Gemeinwohl.

Als der Zug eintraf, erkannte ich ihn sofort. Er ist etwa 1,75 m groß, wohlgebaut, mit einer hohen, runden Stirn und einer Adlernase – er ist in jedem Sinn gutaussehend. Er stieg aus, und wir saßen zusammen im Warteraum.

Es ist nicht möglich zu beschreiben, wie es ist, in Gegenwart eines Meisters zu sein. Ich wusste nicht, dass er ein Meister ist, aber in seiner Gegenwart zu sitzen, obwohl er kaum ein Wort sprach und kein Englisch verstand, jagte mir einen Schauer durch den Leib. Die neuen Eindrücke berührten mich. Es war ein außergewöhnliches Erlebnis.

Später erfuhr ich, dass er der berühmteste Sanskrit-Gelehrte Indiens ist, und das will etwas heißen, da Sanskrit die Sprache der Schriften ist, die jeder nach Erkenntnis Strebende lernt. Er kennt sich in allen Wissenschaften aus und spricht viele Sprachen. Wir erinnern uns, wie die Apostel plötzlich „in Zungen" redeten.

Es gibt hier Leute, die diesen Mann ihr ganzes Leben lang kennen und wissen, dass er bis zu einem bestimmten Tag kein Tamil sprach, das eine sehr schwere Sprache ist. Fünfzehn Tage später konnte er lange Vorträge in reinem Tamil halten und es lesen und schreiben wie jeder Lehrer. Ich fragte ihn, wie er diese Fähigkeit erlangt habe, und er antwortete: „Durch Meditation." Man bedenke, kein Buch, keine Grammatik, einfach durch die Meditation über Gott, wie diese Leute sie kennen, und der Bitte, in Tamil unterrichtet zu werden.

Wenn er ruhig ist, strahlt sein Gesicht vor Glückseligkeit. Unter dem geringsten Vorwand lacht er, wendet sich dir oft zu und schüttelt den Kopf, wie Inder es tun, was sagen will: „Alles in Ordnung, mein Freund!"

Er versprach, mich diesen Nachmittag und Abend zu unterweisen. Danach wollte er sich für ein Jahr in die Einsamkeit zurückzuziehen. Er sagte, wenn ich nach Tiruvannamalai käme, würde er mich zum Maharshi (einem Mahatma, einem sehr großer Meister) mitnehmen, der dort lebe und einer der größten Mahatmas Indiens sei.

## Frank besucht den Maharshi

Gestern hatte ich einen Tag frei und ging mit dem Munshi zum Sastriar, dem Meister, von dem ich berichtet habe [Ganapati Muni]. Beide sind Schüler des Maharshi. Wir hörten Sastriars eineinhalbstündigem Vortrag in Tamil zu. Er hielt ihn vor einer großen Menge und schien durch diese Anstrengung erfrischt zu sein.

Um 2 Uhr nachmittags deutete er auf die Höhle, in der der Maharshi lebt, und wir stiegen auf den Berg, um ihn zu besuchen. Als wir die Höhle erreichten, saßen wir schweigend zu seinen Füßen. Wir saßen eine gute Weile dort, und ich fühlte mich, als würde ich aus mir selbst hinausgehoben.

Dann sagte Sastriar zu mir, ich solle dem Maharshi in die Augen schauen und meinen Blick nicht abwenden. Eine halbe Stunde lang sah ich ihm in die Augen, die nie ihren Ausdruck von tiefer Kontemplation veränderten. Ich begann irgendwie zu verstehen, dass der Körper der Tempel des Heiligen Geistes ist. Ich konnte spüren, dass sein Körper nicht der Mann war, sondern das Instrument Gottes, einfach ein bewegungslos dasitzender Leichnam, aus dem Gott Ehrfurcht gebietend ausstrahlte. Mein Empfinden war unbeschreiblich.

Sastriar sagte dann, ich könne sprechen. Ich bat um Erkenntnis, um Belehrung. Er sprach, und wir hörten zu. In einigen Sätzen gebrochenem Englisch und in Telugu übermittelte er Welten voller Bedeutung. Er lehrte mich direkt, was er selten tut, und machte mich zu seinem Schüler – natürlich nicht zu einem solchen wie den Sastriar, seinen eigenen, besonderen Schüler, sondern zu einem der vielen, die der große Meister hat.

Den berührendsten Anblick boten die vielen kleinen Kinder, die bis zu sieben Jahre alt waren. Sie steigen aus eigenem Antrieb den Berg hinauf und sitzen in der Nähe des Maharshi, selbst wenn er kaum ein Wort spricht und sie tagelang kaum ansieht. Sie spielen nicht, sondern sitzen nur völlig zufrieden da.

Er ist ein Mann, den man in seinem Ausdruck der Würde, Freundlichkeit, Selbstbeherrschung und in seiner stillen Stärke der Überzeugung nicht beschreiben kann.

## Franks zweiter Besuch beim Maharshi

Ich kam mit dem Motorrad und stieg zur Höhle hinauf. Er lächelte, als er mich sah, war aber nicht im Mindesten überrascht. Wir gingen hinein. Bevor wir uns hinsetzten, stellte er mir eine ganz persönliche Frage. Offensichtlich hatte er mich sofort wiedererkannt. Jeder, der zu ihm kommt, ist für ihn ein offenes Buch. Ein einziger Blick genügt, um den Inhalt zu kennen.

Dann sagte er: „Du hast noch nichts gegessen und bist hungrig." Ich gab zu, dass es so war. Sofort beauftragte er einen seiner Schüler, mir etwas zu essen zu bringen, Reis, *Ghee*, Obst usw. Es wird mit den Fingern gegessen, da die Inder keine Löffel benutzen. Obwohl ich schon auf diese Weise gegessen hatte, fehlte es mir doch an Geschicklichkeit. Deshalb gab er mir lächelnd einen aus Kokosnussschalen gefertigten Löffel und unterhielt sich mit mir. Es gibt nichts Schöneres als sein Lächeln. Ich bekam Kokosmilch zu trinken, die so weiß wie Kuhmilch war und köstlich schmeckte. Er selbst hatte Zucker hinzugefügt.

Als ich aufgegessen hatte, verspürte ich immer noch Hunger. Er wusste es und gab Anweisungen, mir einen Nachschlag zu bringen. Er wusste alles. Als die Schüler mich nötigten, Obst zu essen, als ich schon satt war, gebot er ihnen sofort Einhalt.

Ich entschuldigte mich wegen meiner europäischen Trinkgewohnheit. Er sagte nur: „Es macht nichts." Die Inder achten nämlich besonders darauf, nicht zu schlürfen und das Gefäß nicht mit den Lippen zu berühren, sondern schütten die Flüssigkeit frei in den Mund. So können viele aus demselben Becher trinken und brauchen keine Ansteckung zu befürchten.

Während ich aß, erzählte er den anderen von meiner Vergangenheit, und zwar ganz genau. Dabei hatte er mich zuvor nur einmal gesehen und in der Zwischenzeit hunderte andere Menschen. Er bediente sich des Hellsehens, wie wir uns einer Enzyklopädie bedienen. Ich saß etwa drei Stunden bei ihm und hörte seiner Belehrung zu. (Es wurde ihm ein Buch gezeigt, das mir Frau R.W.D. Nankivell gegeben hatte, um seine Meinung darüber zu erfahren. Er pries es und las daraus vor.)

Später quälte mich wieder der Durst, denn es war eine heiße Fahrt gewesen. Doch um nichts in der Welt hätte ich es mir anmerken lassen. Aber er wusste auch das und bat einen Schüler, mir Limonade zu machen.

Schließlich musste ich gehen. Ich verneigte mich, so wie es für uns gebräuchlich ist, verließ die Höhle und zog meine Stiefel an. Er kam mit nach draußen und forderte mich auf wiederzukommen.

## Furchtlosigkeit und Sicherheitsgefühl durch den Kontakt mit dem Meister

Es ist seltsam, welche Veränderung es in einem bewirkt, in seiner Gegenwart gewesen zu sein, wenigstens für den Augenblick. Ich bin an Hunde gewohnt, wäre aber beunruhigt, wenn mich einer anfallen würde. Genau dies ist hier geschehen. Ich habe den Hund nur angesehen und bin meiner Wege gegangen, obwohl er versucht hat, mich drei- oder viermal zu beißen. Ich hatte weder Angst noch war ich auf irgendeine Weise erschrocken. Ich hörte entsetzte Ausrufe, erkannte aber erst als ich den Berg schon zur Hälfte hinuntergegangen war, dass mir Gefahr gedroht hatte.

Ein Hundebiss ist in diesem Land kein Spaß, nicht nur wegen der Wildheit der Hunde und dem ansteckenden Zustand ihrer Zähne durch das verdorbene Fleisch, das sie fressen, sondern auch, weil die Wunden in der Hitze schlecht heilen und wegen der Tollwut.

## Franks Sichtweise der Lehre des Mahatma

Ein Meister ist ein Mensch, der allein über Gott meditiert hat. Er hat seine ganze Persönlichkeit in das Meer Gottes geworfen, sie dort ertränkt und vergessen, bis er lediglich zu einem Instrument Gottes geworden ist. Wenn er seinen Mund öffnet, spricht er mühelos und ohne Überlegung Gottes Worte. Wenn er die Hand erhebt, fließt Gottes Kraft hindurch und wirkt ein Wunder.

Denke nicht zu viel über übernatürliche Phänomene und dergleichen nach. Es gibt unendlich viele davon, und hat sich der Glaube an sie erst einmal im Herzen eines Suchers festgesetzt, haben sie ihr Werk vollbracht. Hellsehen, Stimmen hören und solche Dinge sind nicht der Mühe wert, wenn doch die viel größere Erleuchtung und der Friede leichter ohne sie als mit ihnen erlangt werden können. Wenn ein Meister diese übernatürlichen Kräfte annimmt, ist es für ihn eine Bürde.

Ich kenne zwei der größten Meister und sage dir, dass die Vorstellung, ein Meister sei lediglich jemand, der durch lange Übung und Gebete oder dergleichen Gewalt über die verschiedenen okkulten Sinne erworben hat, völlig falsch ist. Kein Meister hat sich je um solche okkulten Kräfte bemüht, da er mit ihnen in seinem täglichen Leben nichts anfangen kann.

Die Erscheinungsformen, die wir sehen, sind seltsam und erstaunlich – aber das Erstaunlichste von allem erkennen wir nicht: Eine einzige, unermessliche Macht ist für alle Erscheinungsformen, die wir sehen, sowie für den Akt des Sehens verantwortlich. Lenke deshalb deine Aufmerksamkeit nicht auf all die veränderlichen Dinge von Leben, Tod und auf die Erscheinungsformen. Denke nicht daran, dass du sie siehst und wahrnimmst, sondern denke nur an das, was alles sieht, was für alles verantwortlich ist. Das wird am Anfang fast unmöglich sein, aber allmählich wird sich der Erfolg zeigen. Es braucht viele Jahre beständiger, täglicher Übung, aber auf diese Weise entsteht ein Meister. Übe das täglich eine Viertelstunde lang. Halte die Augen offen und versuche, den Geist unerschütterlich auf den zu richten, der sieht. Er ist in dir. Erwarte nicht, dass DAS etwas Bestimmtes ist, auf das man den Geist leicht richten kann. Es ist nicht der Fall. Obwohl es Jahre dauert, DAS zu finden, zeigt sich das Ergebnis dieser Konzentration bereits in vier oder fünf Monaten in Form von unbewusstem Hellsehen, in einem friedvollen Geist, in der Kraft, mit Schwierigkeiten umzugehen und in Kräften aller Art, die aber unbewusst sind.

Ich habe dir diese Belehrung mit denselben Worten weitergegeben, wie die Meister sie ihren engen Schülern geben. Von jetzt an konzentriere dich während der Meditation weder auf den Akt des Sehens noch darauf, was du siehst, sondern unnachgiebig auf DAS, was sieht.

# Weitere Lehren des Mahatma

## Das Erwachen

Man erhält für die Verwirklichung keine Belohnung, sondern versteht vielmehr, dass man gar keine Belohnung will. Es ist, wie Krishna sagt: „Wir haben das Recht zu arbeiten, aber kein Recht auf Belohnung." Vollkommene Verwirklichung ist einfach Verehrung, und Verehrung ist Verwirklichung.

Wenn du dich zur Meditation hinsetzt und erkennst, dass du nur durch die Kraft des einen Lebens denken kannst und dass der Geist, der durch dieses eine Leben im Akt des Denkens belebt wird, ein Teils des Ganzen, nämlich Gott ist, dann überzeugst du deinen Geist, dass er keine getrennte Wesenheit ist. Das Ergebnis ist, dass Geist und Körper sozusagen physisch verschwinden. Das einzige, was übrig bleibt, ist das Sein, das zugleich Sein und Nicht-Sein ist und nicht mit Worten und Gedanken erklärt werden kann.

Ein Meister kann nicht anders als beständig in diesem Zustand zu sein, mit dem einzigen Unterschied, dass er auf irgendeine Weise, die für uns unbegreiflich ist, seinen Geist und Körper und auch seinen Intellekt benutzen kann, ohne dem Irrtum zu verfallen, ein unabhängiges Bewusstsein zu haben.

Diese Dinge können nicht erklärt werden. Wie Vivekananda sagte: „Du hilfst der Welt überhaupt nicht, indem du es wünschst oder versuchst, sondern nur, indem du dir selbst hilfst."

## Religion

Es bringt nichts zu spekulieren. Es bringt nichts, sich an einem geistigen oder intellektuellen Konzept festzuhalten und danach zu arbeiten. Das ist lediglich Religion, eine anleitende Vorschrift für Kinder und das soziale Leben, ein Leitfaden, der uns hilft, Erschütterungen zu vermeiden, damit das innere Feuer den Unsinn in uns verbrennt und uns etwas schneller Gemeinsinn lehrt, d.h. das Wissen um den Irrtum der Getrenntheit. Religion, sei es Christentum, Buddhismus, Hinduismus, Theosophie, Philosophie oder eine andere Art von Ismus, Sophie oder System, kann uns nur dahin führen, wo sich alle Religionen begegnen und nicht weiter.

## Gott

Dieser Punkt, an dem sich alle Religionen treffen, ist die Verwirklichung – in keinem mystischen Sinn, sondern in einem völlig weltlichen und alltäglichen, und je weltlicher, alltäglicher und praktikabler, desto besser. Es ist die Verwirklichung der Tatsache, dass Gott alles ist und alles Gott ist.

Von diesem Punkt aus beginnt die praktische Ausübung dieses geistigen Verständnisses, und alles, worauf es hinausläuft, ist der Bruch mit einer alten Gewohnheit. Man kann die Dinge nicht mehr „Dinge" nennen, sondern muss sie „Gott" nennen. Anstatt zu denken, sie seien Dinge, muss man wissen, dass sie Gott sind. Man muss erkennen, dass die phäno-menale Existenz nur eine Schöpfung des Geistes ist (denn wenn der Geist nicht existieren würde, könnte er auch nichts erkennen) und es logischerweise auch Nicht-Existenz gibt, wenn man eine Existenz voraus-setzt.

Die Erkenntnis der Dinge zeigt lediglich, dass es ein Wahrnehmungsorgan gibt. Für den Tauben gibt es keinen Klang, für den Blinden nichts zu sehen, und der Geist ist lediglich das Organ des Vorstellens oder des Verständnisses von verschiedenen Aspekten Got-tes.

Gott ist unendlich, und deshalb sind Existenz und Nicht-Existenz nur gegensätzliche Bestandteile. Ich möchte damit nicht sagen, dass Gott aus bestimmten Teilen besteht. Es ist schwer, verständlich von Gott zu sprechen. Wahre Erkenntnis kommt von innen und nicht von außen. Und wahre Erkenntnis bedeutet nicht wissen, sondern sehen.

**Verwirklichung**

Verwirklichung ist nichts weiter als Gott wirklich zu sehen. Du musst alles, was ich schreibe, wörtlich nehmen. Unser größter Fehler ist, dass wir glauben, dass Gott symbolisch und allegorisch handelt, anstatt praktisch und wörtlich.

Nimm ein Stück Glas, male Farben und Formen darauf und lege es in eine Laterna Magica. Schalte die Lampe an, und die Farben und Formen auf dem Glas werden auf die Leinwand geworfen. Wenn das Licht nicht angeschaltet wird, kannst du die Farben auf dem Glasbild nicht auf der Leinwand sehen.

Wie entstehen Farben? Indem weißes Licht durch ein vielseitiges Prisma gebrochen wird. So ist es auch mit dem Charakter eines Menschen. Er wird sichtbar, wenn das Licht des Lebens (Gott) hindurchscheint, d.h. in den Handlungen des Menschen. Wenn der Mensch schläft oder tot ist, kannst du seinen Charakter nicht erkennen. Nur wenn das Licht des Lebens ihn belebt und ihn durch seinen Kontakt zu dieser vielseitigen Welt auf tausend verschiedene Arten zum Handeln veranlasst, kannst du seinen Charakter erkennen. Würde das weiße Licht nicht durch die Glasbilder deiner Laterna Magica in Formen und Gestalten gebrochen, wüssten wir nicht, dass ein Stück Glas vor der Lichtquelle ist, denn das reine Licht würde durchscheinen. In gewissem Sinn wurde das weiße Licht beschädigt und hat einiges von seiner Klarheit eingebüßt, weil es durch die Farben auf dem Glas scheinen muss.

So ist es auch mit dem gewöhnlichen Menschen. Sein Geist ist wie die Leinwand. Auf ihn scheint gedämpftes und verändertes Licht, da er der vielfältigen Welt erlaubt hat, dem Licht (Gott) im Weg zu stehen und es zu brechen. Er sieht nur die Lichteffekte anstatt das Licht selbst, und sein Geist reflektiert die Effekte, die er sieht, wie die Leinwand die Farben auf dem Glas reflektiert. Entferne das Prisma, und die Farben verschwinden. Sie werden wieder vom weißen Licht absorbiert, von dem sie kommen. Entferne die Farben vom Glas, und das Licht scheint klar hindurch. Entfernen wir die Welt der Wirkungen und betrachten nur ihre Ursache, dann sehen wir das Licht (Gott).

Ein Meister, der meditiert, richtet seine Aufmerksamkeit so fest auf das, was sieht, dass er weder sieht noch hört, obwohl er Augen und Ohren offen hat. Er hat kein Körperbewusstsein mehr und auch kein mentales Bewusstsein, sondern nur ein spirituelles Bewusstsein.

Wir müssen die Welt entfernen, die unsere Zweifel verursacht und unseren Geist vernebelt. Dann wird das Licht Gottes klar hindurchscheinen. Wie kann man die Welt entfernen? Indem du zum Beispiel beim Anblick eines Menschen sagst: „Das ist Gott, der einen Körper belebt." Sein Körper reagiert mehr oder wenig gut auf die Anweisungen Gottes, wie ein Schiff mehr oder weniger gut auf das Steuer reagiert.


**Sünden**

Was sind Sünden? Warum zum Beispiel trinkt ein Mensch zu viel? Weil er das Gefühl hasst, durch das Unvermögen, so viel zu trinken wie er will, gebunden zu sein. In jeder Sünde, die er begeht, strebt er nach

Freiheit. Dieses Streben nach Freiheit ist das erste unwillkürliche Handeln Gottes im Geist eines Menschen. Denn Gott weiß, dass er nicht gebunden ist. Der Mensch wird nicht dadurch frei, indem er zu viel trinkt, aber er weiß nicht, dass er in Wirklichkeit Freiheit sucht. Wenn er das erkennt, macht er sich auf die Suche nach dem besten Weg, Freiheit zu erlangen.

Aber der Mensch erlangt diese Freiheit nur, wenn er erkennt, dass er nie gebunden war. Das Ich, das sich gebunden fühlt, ist in Wirklichkeit der unbegrenzte Geist. Ich bin gebunden, weil ich nichts kenne, das ich nicht mit den Sinnen wahrnehme. Dabei bin ich die ganze Zeit das, was in jedem Körper und in jedem Geist wahrnimmt. Körper und Geist sind nur die Werkzeuge des wahren Ichs, des unbegrenzten Geistes. Was mache ich mit den Werkzeugen, wenn ich selbst das Werkzeug bin, wie die Farben, die das weiße Licht sind?

Der Mensch Jesus war sich der Wunder nicht bewusst, wenn er sie wirkte und seine wundervollen Worte sprach. Es war das weiße Licht, das Leben, das die Ursache und Wirkung ist, das wunderbar zusammenspielt. „Mein Vater und ich sind eins." Gib die Vorstellung von „ich" und „mein" auf. Kann denn der Körper irgendetwas besitzen? Kann der Geist irgendetwas besitzen? Beides sind leblose Instrumente, bis das Licht Gottes durch sie scheint. Diese Dinge, die wir sehen und wahrnehmen, sind nur die Farben, die sich im einen, unbegrenzten Geist (Spirit) brechen.

## Verehrung

Wie kann man Gott am besten verehren? Indem du nicht versuchst, ihn zu verehren, sondern ihm dein ganzes Selbst gibst und zeigst, dass jeder Gedanke, jede Tat nur das Tun dieses einen Lebens (Gottes) ist – mehr oder weniger vollkommen, je nachdem, ob es unbewusst oder bewusst geschieht.

Gott arbeitet vollkommen in unseren unbewussten, rechtschaffenen Werken. Wenn ein Meister lehrt, ist er weit von jedem Gedanken, dass er lehrt, entfernt. Aber wenn du in seiner Gegenwart einen Zweifel oder eine Schwierigkeit hast, kannst du, noch bevor du den Zweifel aussprichst, sofort seine wundervollen Worte hervorrufen, die den Zweifel beseitigen. Seine Worte verfehlen nie ihr Ziel, und der Meister, der sein Herz auf Gott gerichtet hat, erfährt ganz und gar, dass keine Tat eine persönliche ist, und behauptet nicht, den Gedanken hervorgebracht zu haben oder das Werkzeug dafür gewesen zu sein, einen Zweifel zu zerstreuen. Er sagt nicht „ich" oder „mein". Er sieht nur Gott in allen Gedanken und Taten, ob es nun deine oder seine sind, und ist weder überrascht noch besonders erfreut, deinen Zweifel zerstreut zu haben. Er wünscht sich nie, Freude zu empfinden, sondern sagt: „Wer freut sich? Gott. Was ist Freude? Die Anerkennung Gottes, sei sie nun bewusst oder unbewusst. Wer ist das sogenannte Ich? Das Ich ist Gott. Gott ist Freude. Wenn ich mir dauerhafte Freude wünsche, muss ich mich selbst vergessen und das sein, was selbst Freude ist, nämlich Gott."

Ein Meister versenkt sein ganzes Selbst als unechte Vorstellung im Meer Gottes, der existiert und buchstäblich der Stoff und die Ursache von allem ist, und wird so zur Verkörperung des Glücks. Er fegt jeden persönlichen Wunsch beiseite, selbst den Wunsch nach Tugendhaftigkeit. Er leugnet, dass es sich um seine eigene Tat handelt, und schreibt sie Gott zu, bis er diese persönliche Tugendhaftigkeit, die er sich einst gewünscht hat, verkörpert. Und niemand kann sich ihm nähern, ohne von ihm gesegnet zu werden. Er ist die Verkörperung aller Tugenden. Solcherart ist wahre Verehrung und ihre Wirkung.

## Der Maharshi

Die Tatsachen, die über ihn bekannt sind, sind spärlich und dürftig, aber sehr interessant wegen ihrer seltenen Einfachheit. Ich habe das Glück, zwei Fotos vom Maharshi zu haben, in denen er in verschiedenen Positionen in tiefer Meditation versunken dasitzt. Eines dieser Fotos begleitet meine kurzen Aufzeichnungen. Ich kann über keine weiteren Details schreiben. Ich veröffentliche alles, was ich bekannt geben kann.

### Wie der Ruf kam

Ein mir bekannter Schüler erzählte mir folgende Geschichte vom Maharshi:

Als der Maharshi sechzehn war, hatte er sein Erweckungserlebnis. Er lebte weiterhin bei seinen Eltern bis zur Krise am 29. August 1896. Als er an diesem Tag mit gekreuzten Beinen in Meditation versunken dasaß, tadelte ihn sein älterer Bruder, indem er meinte, dass einer, der wie ein *sadhu* leben wolle, auch kein Recht auf ein Zuhause habe. Der Maharshi hinterließ eine Nachricht und ging von Zuhause fort. Er machte sich im Gehorsam des Rufs vom Arunachala auf den Weg. Er lebte im Arunachaleswara Tempel und an anderen Orten, bevor er die Höhle bewohnte, in der Frank ihn besuchte. Er ist jetzt etwa 39 und lebt bereits seit vielen Jahren dort.

## Wie er die Zeit in der Höhle verbringt

Nach den ersten beiden Jahren verfiel er ins Schweigen. Jahrelang hat er kein Wort gesprochen. Dahinter stand aber kein Fanatismus, sondern die Unlust, sich an Gesprächen zu beteiligen. Die letzten sechs Jahre hat er gesprochen und gelehrt.

Er spricht die Sprachen Südindiens und Englisch. Er kennt die wichtigsten Teile der Hindu-Schriften auswendig und kennt sich gut in der christlichen Geschichte und der Chronik der Bibel aus.

Nicht viele kennen seinen Namen oder wissen mehr über ihn als die Geschichte, die er seinen Schülern erzählt hat, wie er von Zuhause fortgegangen ist, und dass er von Geburt ein Brahmane ist. Er hat eine bemerkenswerte Persönlichkeit, und es werden über ihn seltsame Geschichten von glaubhaften Zeugen berichtet, z.B. folgende:

## Eine hinduistische Version von Gideon und seinem Wollvlies[9]

Am Anfang des Monsuns saß der Maharshi einmal in tiefer Meditation versunken am Fuß des Berges im Freien. Eine Frau, die dem Erzähler bekannt ist, wollte ihm eine Opfergabe bringen und um seinen Segen bitten. Auf dem Weg wurde sie von einem heftigen Wolkenbruch überrascht und fand unter einem Felsen

---

[9] s. Altes Testament, Buch Richter 6,36-40

oder Baum Schutz, etwa 300 Meter von dem Platz entfernt, an dem er saß. Sie sah ihn die ganze Zeit in Meditation versunken dasitzen.

Als der Regen vorbei war, ging sie zu ihm hinauf und sah, dass auf dem ganzen Platz um ihn herum, auf einem Umkreis von etwa 50 Metern, der Boden völlig trocken war.

## Der Mahatma, der bewirkte, dass der Maharshi sein zwölfjähriges Schweigen brach

Man kann den Maharshi nicht verstehen, ohne die Details über seine Beziehung zu Ganapati Sastriar [Ganapati Muni] zu kennen. Eines Tages kam Sastriar zu ihm und sprach in Sanskritversen, und das zwölfjährige Schweigen war gebrochen. Das war vor sechs Jahren gewesen, und seitdem spricht und lehrt der Maharshi. Sastriar verkörpert sozusagen den intellektuellen Aspekt eines Meisters und der Maharshi den verehrenden. Trotzdem ist Sastriar auch sehr andächtig, und die Schärfe des Verstandes des Maharshi ist unbestreitbar.

Sastriar betont immer: „Nicht ich, sondern der Maharshi vollbringt diese Dinge." Er sieht sich als sein Werkzeug, als Vermittler der Kraft, die von diesem größten aller lebenden Mahatmas ausgeht. Aber das darf nicht zu wörtlich verstanden werden. Es handelt sich dabei nur um eine Folgerung aus den Tatsachen, wenn man sie als Gesamtheit betrachtet. Es ist bemerkenswert, wie unmittelbar der verehrende Mann den intellektuell entwickelten erkannte und wie letzterer sich unmittelbar der Kraft des meditativen, heiligen Verehrers unterstellte.

Als sich Sastriar bei Franks erstem Besuch beim Maharshi dem Fuß des Berges näherte, machte er zwei Vorhersagen. Die eine hat sich bereits erfüllt, die andere muss noch erfüllt werden. Sastriar sagte, als sie den Berg hochkamen: „Pst, wir müssen jetzt still sein. Wir sind bald bei ihm."

Sastriar verfügte über einen feinen Humor. Einmal stellte Frank eine Frage über eine seiner vergangenen Inkarnationen. Sastriar sah ihn an und sagte: „Warte noch zwei Monate ab, und ich werde dir deine sämtlichen vergangenen Inkarnationen in allen Einzelheiten schildern." Einen Augenblick lang freute sich Frank, bemerkte dann aber, dass der Mahatma ihn auf die Probe stellte. Sastriar lachte freundlich auf seine unvergleichliche Weise und murmelte: „Wozu sollte das gut sein? Was würde es nützen?"

### Sastriars Gelehrsamkeit

Einmal fühlte sich Sastriar berufen, in einer kleinen Stadt Sanskrit zu lehren. In der dortigen Schule gab es eine Lehrerstelle zu besetzen, und er bewarb sich. Die maßgeblichen Persönlichkeiten meinten: „Woher sollen wir wissen, ob dein Sanskrit gut ist?"

Ramana und Ganapati Muni

Sofort ging Sastriar nach Benares im Norden, bestand die härteste Prüfung und bekam den höchsten akademischen Grad verliehen. Mit seinen Zeugnissen kehrte er in die kleine Stadt zurück, zeigte sie den Leuten, zerriss sie dann und warf sie weg.

Ein bekannter Sanskritgelehrter erzählte, dass man dem Sastriar ein beliebiges Thema vorgeben kann. Er geht dann einige Minuten lang auf und ab, um anschließend, schneller als du schreiben kannst, Sanskritverse über das Thema herunterspulen, die in Form und Sinn vollkommen sind.

## Sastriars Hellsicht und übernatürliche Begabung

Ein Mann war geschickt worden, um herauszufinden, ob Sastriar aufrührerische Meinungen verbreitete. Er fand ihn meditierend in einer Höhle sitzen. Der Mann hatte sich verkleidet. Er sagte, er würde Sastriar verehren und wolle sein Schüler werden. Sastriar empfing den Besucher freundlich und stellte ihm einige Fragen. Der Mann hatte sich vorbereitet und antwortete, ohne zu zögern. So saßen sie eine Weile beisammen, und Sastriar versank wieder in Meditation.

Der Mann war seinem Auftrag sofort nachgegangen, weshalb Sastriar nicht von seinem Kommen unterrichtet sein konnte. Er hatte Sastriar keine Fragen gestellt und sich nur als sein zukünftiger Schüler ausgegeben. Da sagte Sastriar: „Du kommst aus dieser und jener Stadt. Du willst herausfinden, ob ich aufrührerische Meinungen verbreite. Warum hast du mich belogen?" Der Mann gab alles zu und wurde schließlich sein Schüler.

Sastriar hatte zwölf besondere Schüler. Jedem gab er das Thema, das er am besten darlegen konnte. Einmal zählte er einem Schüler die Themen auf und bat ihn auszuwählen. Der Schüler tat es. Als er aufsah, bemerkte er ein stilles Lächeln auf dem Gesicht des Meisters, das ihm verriet, dass er schon zuvor gewusst hatte, welches Thema er wählen würde.

Ein andermal sagte Sastriar: "England, Frankreich, Deutschland, Italien, Amerika – ich gehe überall

69

hin." Solche Dinge sagt er einfach als Feststellung einer Tatsache, ohne zu prahlen.

Einmal wurde er gefragt: „Kann ein Mensch ständig in Meditation bleiben? Kann er seine Augen so lange offen halten?" Sastri antwortete: „Ja." Hierauf beobachtete man ihn eine Woche lang Tag und Nacht. Die ganze Zeit über schloss er nie die Augen. Wenn du das Foto des Maharshi betrachtest, wirst du sehen, dass seine Augen offen sind. Trotzdem ist er in tiefer Mediation versunken und nimmt die äußere Welt nicht wahr. Jene, die beim Maharshi in der Höhle schlafen, sagen, dass er praktisch nie schläft.

**Wie der Maharshi den Neugierigen antwortet**

Wenn die Leute aus reiner Neugierde Fragen stellen, konzentriert er sich eine Weile lang und sagt dann: „Ich habe von Gott nicht die Vollmacht erhalten, diese Frage zu beantworten." Oder er antwortet: „Du sagst: ‚ich', ‚ich will wissen'. Sag mir, wer dieses Ich ist? Erkenne zuerst dieses Ich, dann wirst du alles wissen."

Wenn aber jemand ernsthafte spirituelle Fragen hat, ist er in der Lage und willens, jeden Aspekt zu erörtern.

Mit diesen beiden Männern ist es ausnahmslos dasselbe. Wenn es sich nicht um eine Reihe von Fragen handelt, antworten sie nie sofort, sondern versinken zuerst in Meditation.

# LITERATURVERZEICHNIS

Ebert, Gabriele: Ramana Maharshi: Sein Leben. – Norderstedt, 2. Aufl., 2010

Ebert, Gabriele: Ramana Maharshi und seine Schüler: Band 1. – 2. Aufl., Norderstedt, 2014 (darin das Kapitel über Frank Humphreys, S. 107-112 und das Kapitel über Ganapati Muni, S. 60-71)

Nahasimha Swami: Self Realization. – Tiruvannamalai, 2007

Not So Trivial a Tale: A Memoir of Nicholas Francis Humphreys OP: 1890-1975 by D.M. & F.S. (Editor), Albert Nolan (Foreword), 1977

Osborne, Arthur: Ramana Maharshi und der Weg der Selbsterkenntnis. – 2. Aufl., Norderstedt, 2016

Scatcherd, Felicia R.: Meister in Indien. – Regensburg, 2015

Sister Kathleen: Whatever Became of Frank H. Humphreys, in: The Maharshi, Jul/Aug 2017 und Sep/Oct 2017

The International Psychic Gazette, May 1913, 295ff, June 1913, 327ff and July 1913, 357ff